Impressum
Verlag: BABADADA GmbH, Nedderfeld 112 , 22529 Hamburg
Geschäftsführer / Verlagsleitung: Harald Hof
Druck: Books on Demand GmbH, In de Tarpen 42, 22848 Norderstedt

Imprint
Publisher: BABADADA GmbH, Nedderfeld 112 , 22529 Hamburg, Germany
Managing Director / Publishing direction: Harald Hof
Print: Books on Demand GmbH, In de Tarpen 42, 22848 Norderstedt, Germany

sekolah
skole

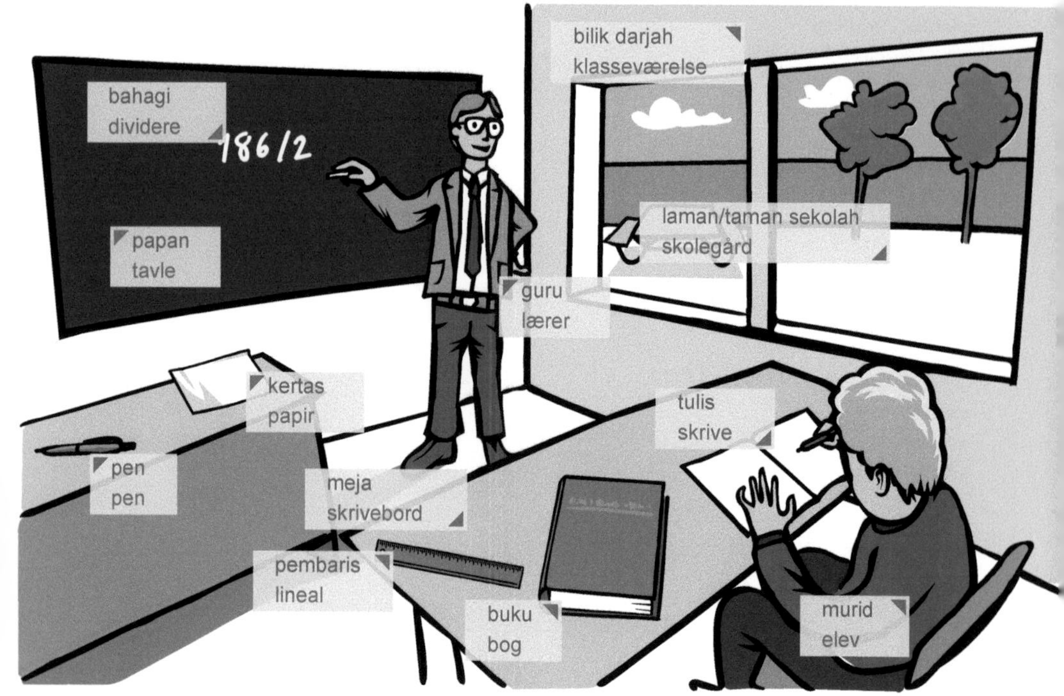
bilik darjah
klasseværelse
bahagi
dividere
186/2
papan
tavle
laman/taman sekolah
skolegård
guru
lærer
kertas
papir
tulis
skrive
pen
pen
meja
skrivebord
pembaris
lineal
buku
bog
murid
elev

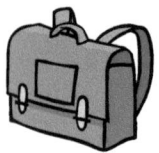

beg galas
skoletaske

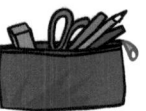

kotak pensel
penalhus

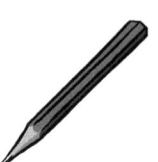

pensel
blyant

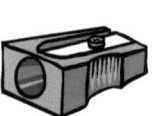

pengasah pensel
blyantspidser

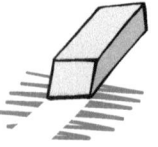

pemadam
viskelæder

kertas lukisan
tegneblok

melukis

tegning

berus lukis

pensel

kotak warna

æske med vandfarver

gunting

saks

gam

lim

buku latihan

opgavehefte

kerja rumah

lektie

12

nombor

tal

2+2

tambah

addere

5-2

tolak

subtrahere

2×2

darab

multiplicere

kira

regne

A

huruf

bogstav

ABCDEFG
HIJKLMN
OPQRSTU
VWXYZ

abjad

alfabet

hello

kata

ord

teks
....
tekst

baca
....
læse

kapur
....
kridt

pelajaran
....
time

daftar
....
klasseprotokol

peperiksaan
....
eksamen

sijil
....
karakterbog

uniform sekolah
....
skoleuniform

pendidikan
....
uddannelse

ensiklopedia
....
leksikon

universiti
....
universitet

mikroskop
....
mikroskop

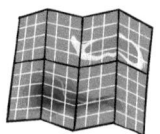

peta
....
kort

bakul sampah
....
papirkurv

berjalan

rejse

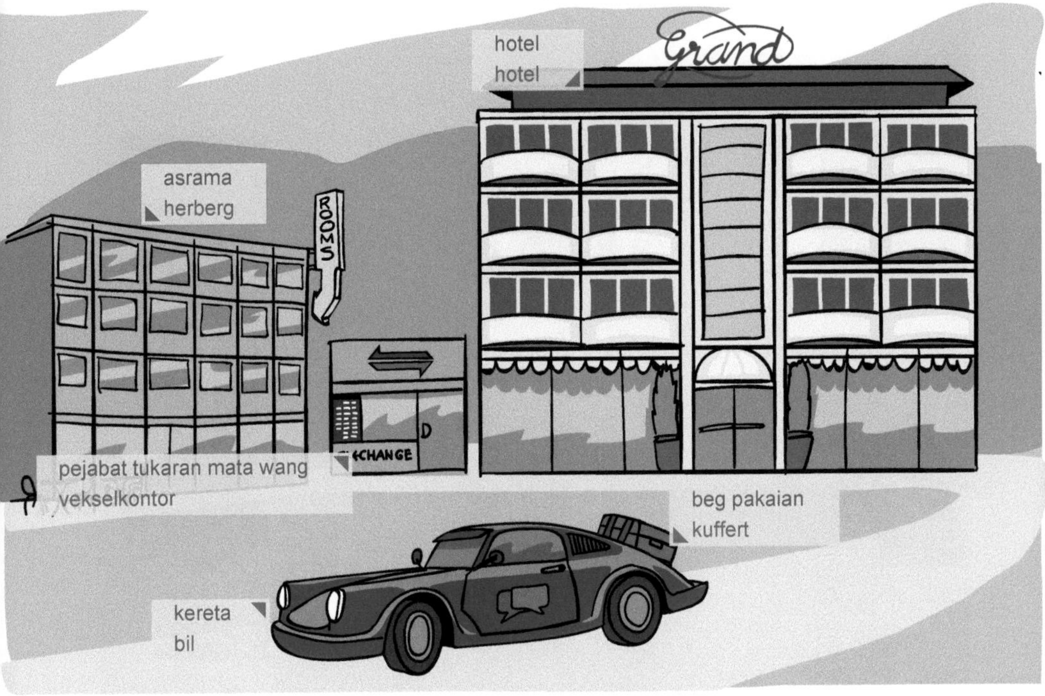

hotel
hotel
Grand
asrama
herberg
ROOMS
pejabat tukaran mata wang
vekselkontor
beg pakaian
kuffert
kereta
bil

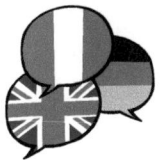

bahasa
sprog

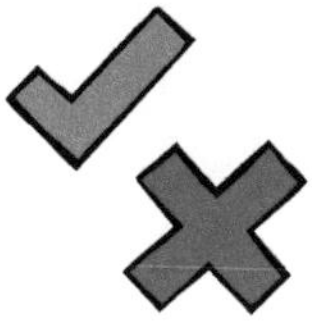

ya / tidak
ja / nej

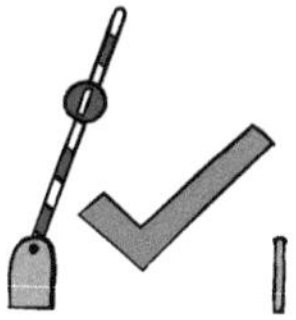

okey
okay

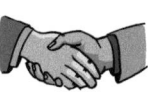

helo
hej

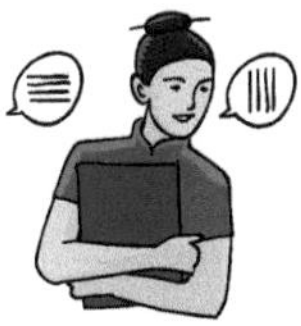

penterjemah
oversætter

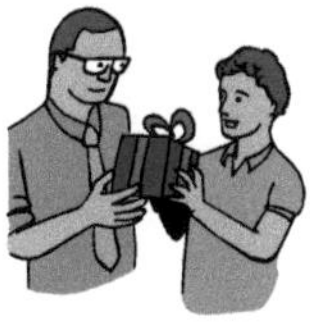

Terima kasih
tak

berapa banyak...?

hvad koster...?

saya tidak faham

Jeg forstår ikke

masalah

problem

Selamat petang!

God aften!

Selamat Pagi!

God morgen!

Selamat Malam!

God nat!

selamat tinggal

farvel

arah

retning

bagasi

bagage

beg

taske

beg galas

rygsæk

tetamu

gæst

bilik tidur

værelse

beg tidur

sovepose

khemah

telt

maklumat pelancong

turistinformation

pantai

strand

kad kredit

kreditkort

sarapan

morgenmad

makan tengah hari

middagsmad

makan malam

aftensmad

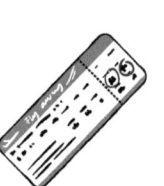

tiket

billet

lif

elevator

setem

frimærke

sempadan

grænse

kastam

told

kedutaan

ambassade

visa

visum

pasport

pas

berjalan - rejse

pengangkutan
transport

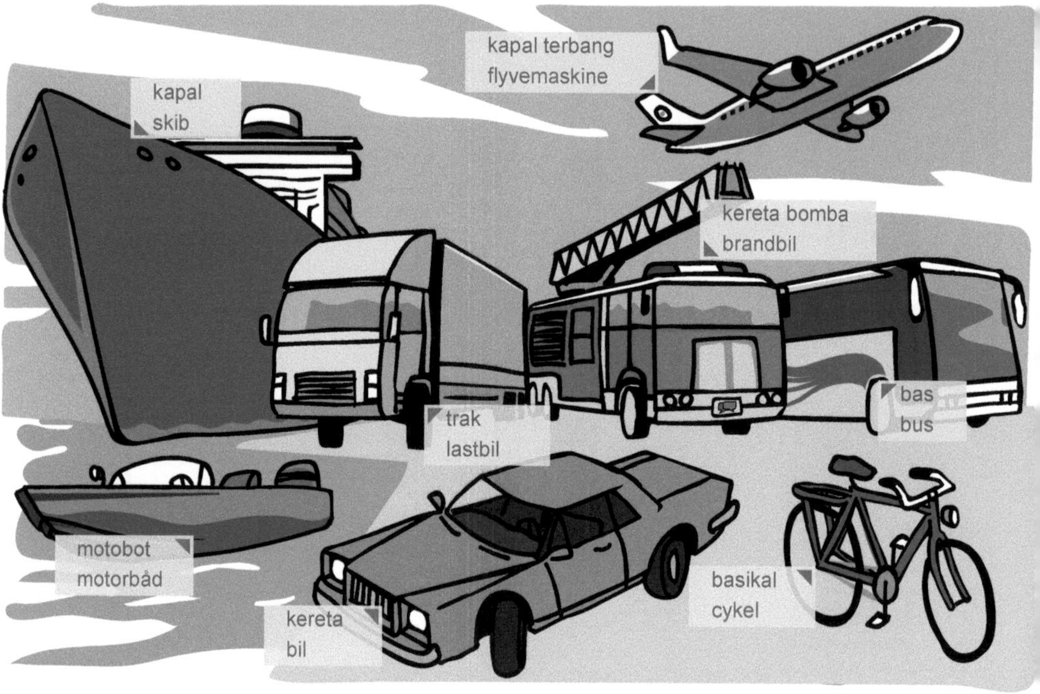
kapal terbang
flyvemaskine
kapal
skib
kereta bomba
brandbil
bas
bus
trak
lastbil
motobot
motorbåd
basikal
cykel
kereta
bil

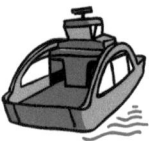

feri

færge

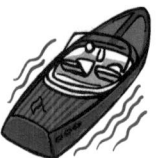

bot

båd

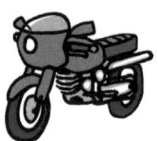

motosikal

motorcykel

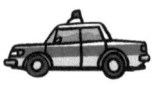

kereta polis

politibil

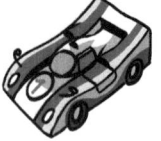

kereta lumba

racerbil

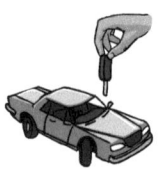

kereta sewa

lejebil

berkongsi kereta

samkørsel

trak tunda

kranbil

trak menolak

skraldebil

motor

motor

bahan api

benzin

stesen minyak

tankstation

tanda trafik

trafikskilt

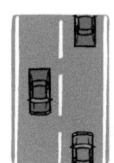

trafik

trafik

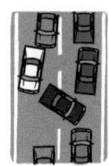

kesesakan lalu lintas

trafikprop

tempat parkir

parkeringsplads

stesen kereta api

banegård

trek

skinner

kereta api

tog

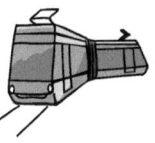

trem

sporvogn

gerabak

wagon

helikopter

helikopter

lapangan terbang

lufthavn

Menara

tårn

penumpang

passager

bekas

container

kadbod

karton

kart

kærre

bakul

kurv

berlepas / mendarat

starte / lande

bandar

by

kampung

landsby

pusat bandar

bymidte

rumah

hus

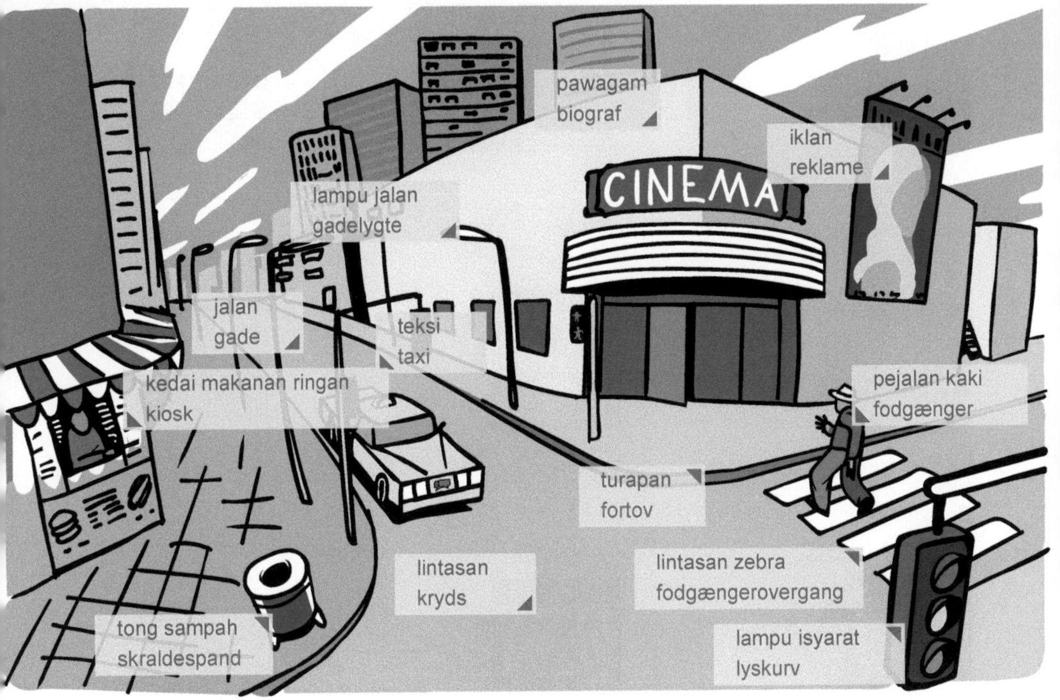
pawagam
biograf
iklan
reklame
CINEMA
lampu jalan
gadelygte
jalan
gade
teksi
taxi
kedai makanan ringan
kiosk
pejalan kaki
fodgænger
turapan
fortov
lintasan
kryds
lintasan zebra
fodgængerovergang
tong sampah
skraldespand
lampu isyarat
lyskurv

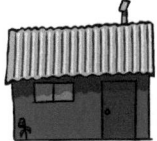

pondok

hytte

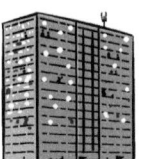

flat

lejlighed

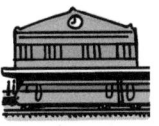

stesen kereta api

banegård

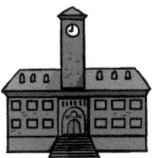

dewan bandar

rådhus

MUSEUM

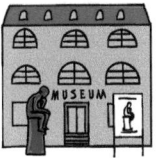

muzium

museum

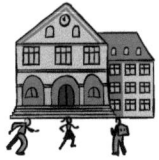

sekolah

skole

universiti
universitet

bank
bank

hospital
sygehus

hotel
hotel

farmasi
apotek

pejabat
kontor

kedai buku
boghandel

kedai
butik

kedai bunga
blomsterbutik

pasar raya
supermarked

pasaran
marked

gedung
stormagasin

penjual ikan
fiskehandler

pusat membeli-belah
butikscenter

pelabuhan
havn

taman

park

bangku

bænk

jambatan

bro

tangga

trappe

bawah tanah

undergrundsbane

terowong

tunnel

hentian bas

busstoppested

bar

barnevogn

restoran

restaurant

peti surat

postkasse

papan tanda jalan

vejskilt

meter parkir

parkometer

zoo

zoo

kolam renang

badeanstalt

masjid

moske

ladang
bondegård

pencemaran
miljøforurening

tanah perkuburan
kirkegård

gereja
kirke

taman permainan
legeplads

kuil
tempel

landskap
landskab

daun
blad

tiang tanda
vejviser

jalan
vej

padang rumput
eng

batu
sten

pokok
træ

pejalan kaki
vandrer

sungai
flod

rumput
græs

bunga
blomst

lembah

dal

bukit

bjerg

tasik

sø

hutan

skov

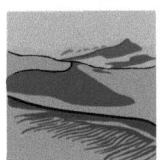

padang pasir

ørken

gunung berapi

vulkan

istana

slot

pelangi

regnbue

cendawan

svamp

pokok kelapa sawit

palme

nyamuk

moskito

terbang

flue

semut

myre

lebah

bi

labah-labah

edderkop

kumbang

bille

katak

frø

tupai

egern

landak

pindsvin

arnab

hare

burung hantu

ugle

burung

fugl

angsa

svane

babi jantan

vildsvin

rusa

hjort

moose

elg

empangan

dæmning

turbin angin

vindmølle

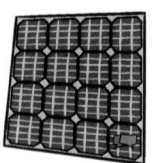

panel solar

solcellemodul

iklim

klima

restoran
restaurant

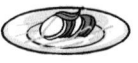

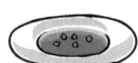

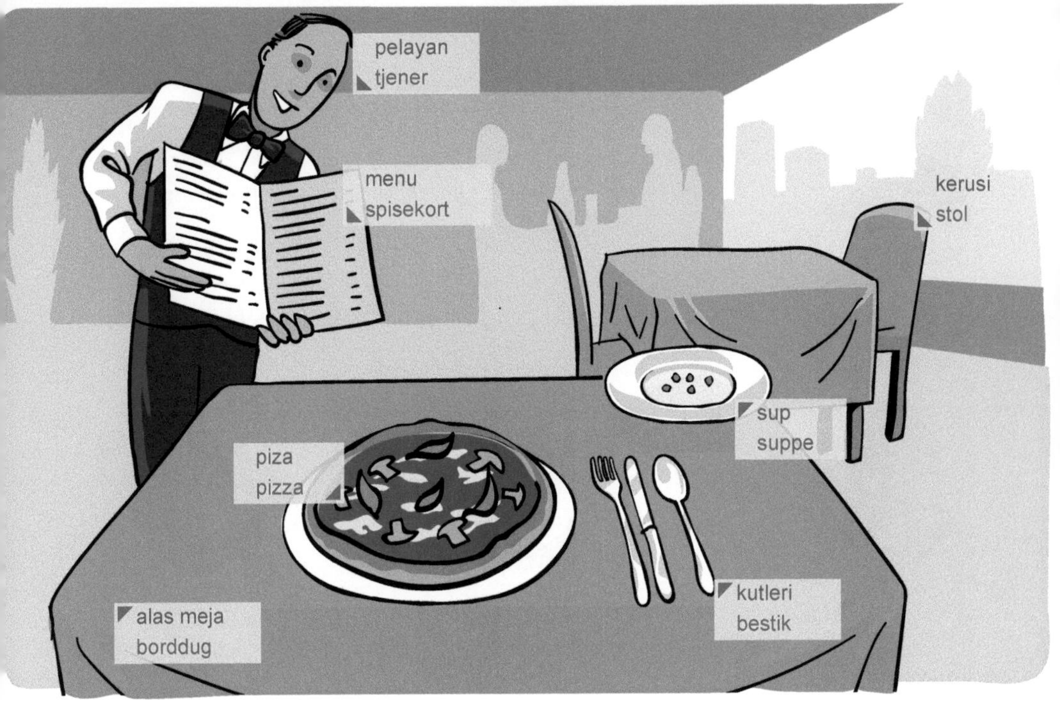
pelayan
tjener
menu
spisekort
kerusi
stol
sup
suppe
piza
pizza
alas meja
borddug
kutleri
bestik

pemula

forret

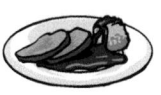

hidangan utama

hovedret

pencuci mulut

dessert

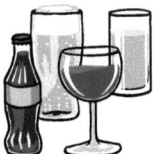

minuman

drikkevarer

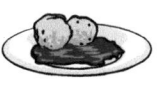

makanan

mad

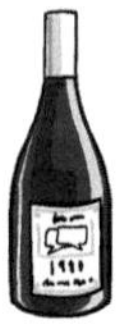

botol

flaske

makanan segera

fastfood

makanan jalanan

streetfood

teko

tekande

mangkuk gula

sukkerdåse

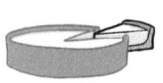

bahagian

portion

mesin espreso

espressomaskine

kerusi tinggi

barnestol

bil

faktura

dulang

tablet

pisau

kniv

garfu

gaffel

sudu

ske

sudu teh

teske

serviette

serviet

gelas

glas

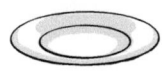

pinggan

tallerken

mangkuk sup

dyb tallerken

piring

underkop

sos

sovs

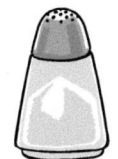

tempat garam

saltbøsse

pengisar lada

peberkværn

cuka

eddike

minyak

olie

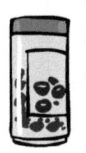

rempah

krydderier

sos

ketchup

mustard

sennep

mayones

mayonnaise

pasar raya

supermarked

tawaran istimewa
tilbud
FOR
pelanggan
kunde
tenusu
mælkeprodukter
buah-buahan
frugt
troli
indkøbsvogn

BUTCHERS

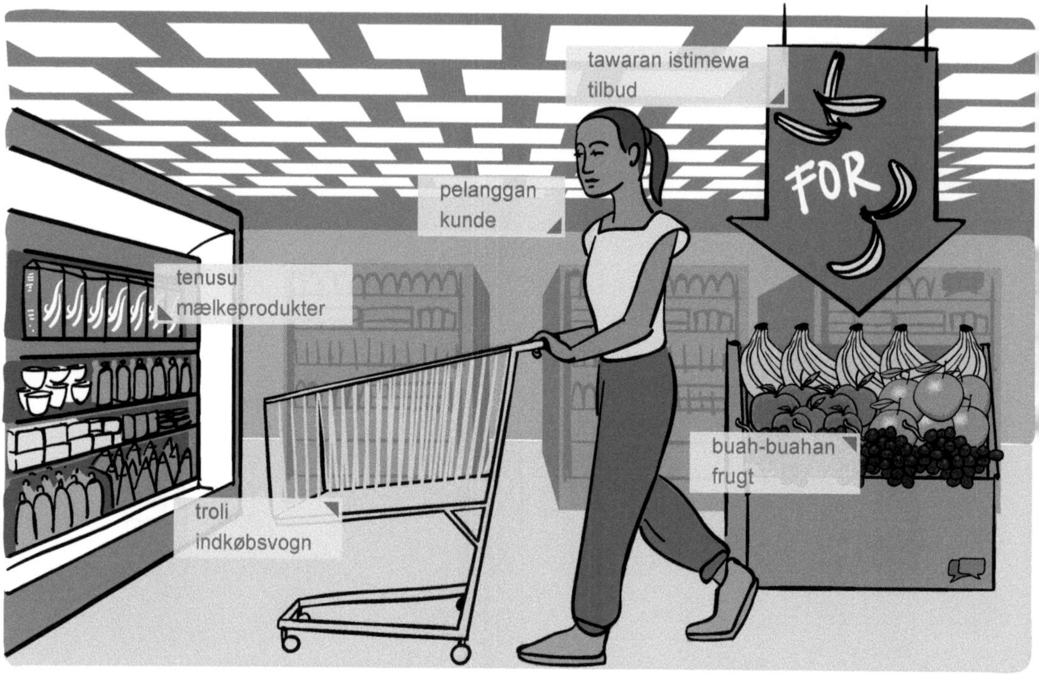

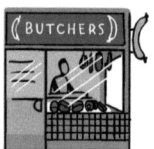

tukang daging

slagter

BAKERY

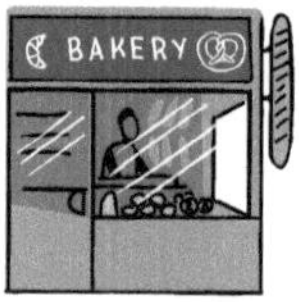

kedai roti

bageri

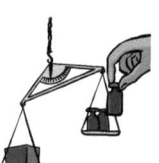

berat

veje

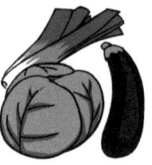

sayur-sayuran

grøntsager

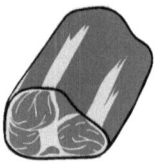

daging

kød

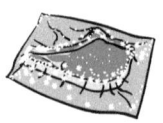

makanan sejuk beku

frostvarer

daging sejuk

pålæg

makanan dalam tin

konserves

serbuk pencuci

vaskemiddel

gula-gula

slik

produk isi rumah

husholdningsvarer

produk pembersihan

rengøringsmidler

orang jualan

ekspedient

daftar tunai

kasse

juruwang

kasserer

senarai membeli-belah

indkøbsliste

waktu pembukaan

åbningstider

beg duit

tegnebog

kad kredit

kreditkort

beg

taske

beg plastik

plasticpose

air
vand

jus
saft

susu
mælk

kola
cola

wain
vin

bir
øl

alkohol
alkohol

koko
kakao

the
te

kopi
kaffe

espreso
espresso

kapucino
cappuccino

pisang

banan

epal

æble

oren

appelsin

tembikai

melon

lemon

citron

lobak merah

gulerod

bawang putih

hvidløg

buluh

bambus

bawang

løg

cendawan

svamp

kacang

nødder

mi

nudler

spageti

spaghetti

nasi

ris

salad

salat

kerepek

pomfritter

kentang goreng

stegte kartofler

piza

pizza

hamburger

hamburger

sandwic

sandwich

kutlet

schnitzel

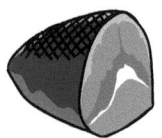

ham

skinke

salami

salami

sosej

pølse

ayam

kylling

panggang

steg

ikan

fisk

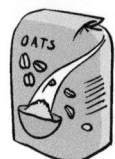

bubur oat

havregryn

muesli

mysli

emping jagung

cornflakes

tepung

mel

kroisan

croissant

roti roll

rundstykke

roti

brød

roti bakar

toast

biskut

kiks

mentega

smør

dadih

kvark

kek

kage

telur

æg

telur goreng

spejlæg

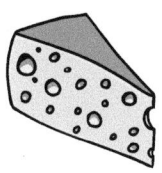

keju

ost

ais krim

is

gula

sukker

madu

honning

jem

marmelade

krim nougat

nougat-creme

kari

karry

ladang
bondegård

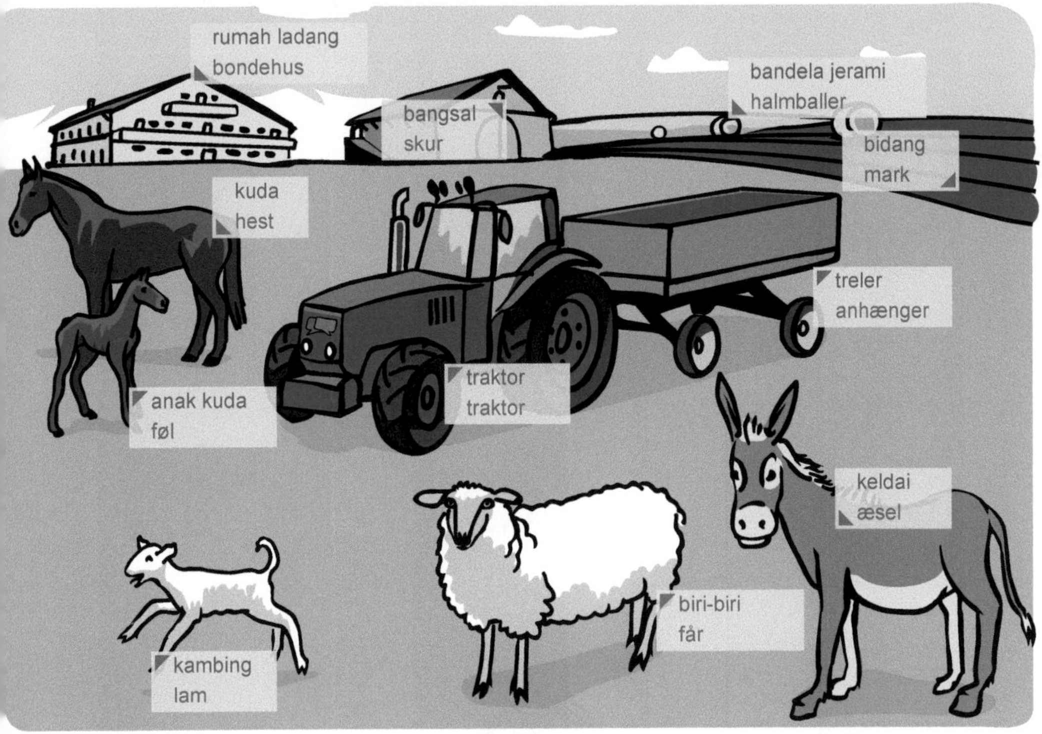
rumah ladang
bondehus
bangsal
skur
bandela jerami
halmballer
bidang
mark
kuda
hest
treler
anhænger
traktor
traktor
anak kuda
føl
keldai
æsel
biri-biri
får
kambing
lam

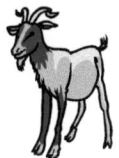

kambing

ged

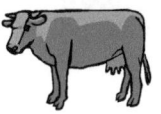

lembu

ko

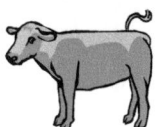

anak lembu

kalv

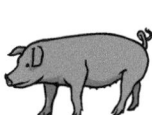

babi

svin

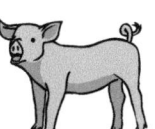

anak babi

gris

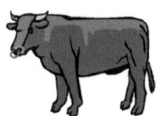

lembu

tyr

angsa

gås

itik

and

anak ayam

kylling

ayam betina

høne

ayam jantan muda

hane

tikus

rotte

kucing

kat

tikus

mus

lembu jantan

okse

anjing

hund

rumah anjing

hundehus

hos taman

haveslange

bekas siraman

vandkande

sabit

le

bajak

plov

sabit

segl

cangkul

hakkejern

serampang peladang

møggreb

kapak

økse

kereta sorong

trillebør

palung

trug

tin susu

mælkekande

karung

sæk

pagar

hæk

stabil

stald

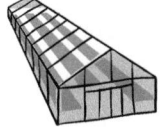

rumah hijau

drivhus

tanah

jord

benih

frø

baja

gødning

jentuai

mejetærsker

tuai

høste

menuai

høst

keladi

yams

gandum

hvede

soya

soja

kentang

kartoffel

jagung

majs

biji sawi

raps

pokok buah-buahan

frugttræ

ubi kayu

maniok

bijirin

korn

rumah
hus

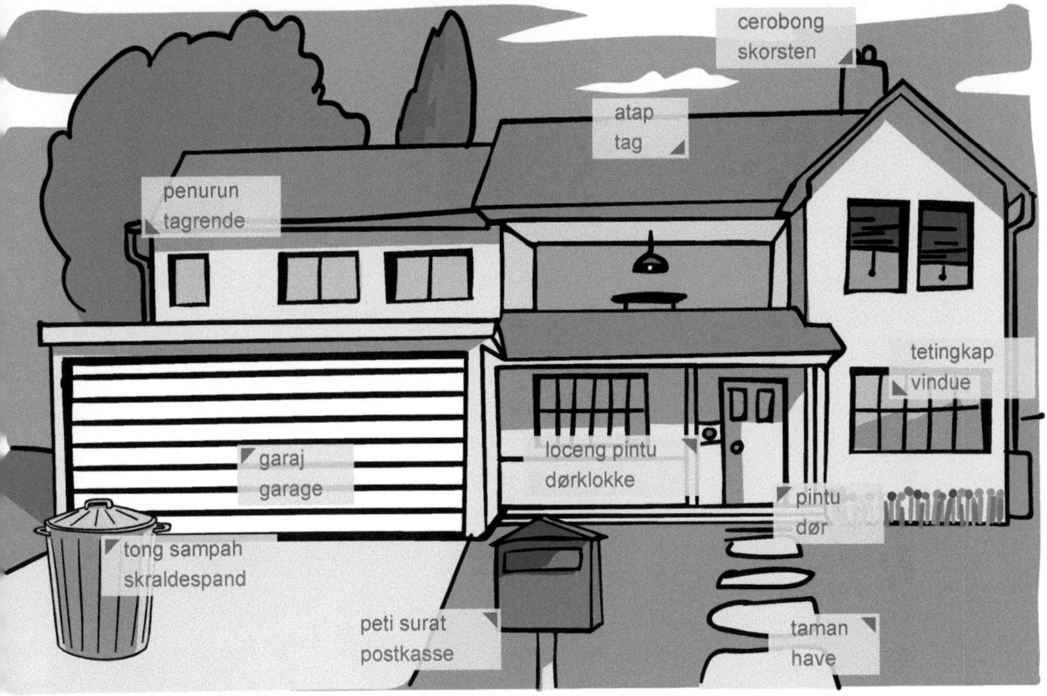
cerobong
skorsten
atap
tag
penurun
tagrende
tetingkap
vindue
loceng pintu
dørklokke
garaj
garage
pintu
dør
tong sampah
skraldespand
peti surat
postkasse
taman
have

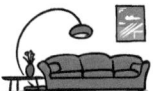

ruang tamu

stue

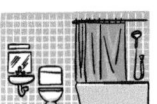

bilik air

badeværelse

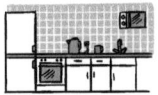

dapur

køkken

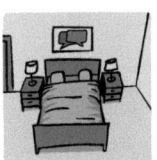

bilik tidur

soveværelse

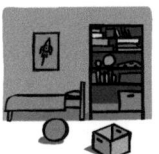

bilik kanak-kanak

børneværelse

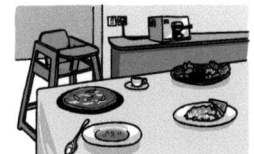

ruang makan

spisestue

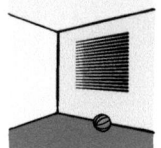

lantai
gulv

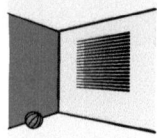

dinding
væg

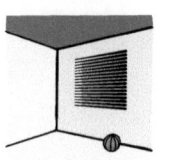

siling
loft

bilik bawah tanah
kælder

sauna
sauna

balkoni
altan

teres
terrasse

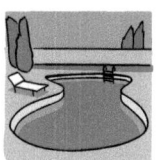

kolam renang
svømmehal

pemotong rumput
plæneklipper

lembaran
dynebetræk

penutup tilam
dyne

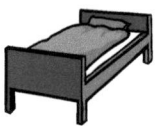

katil
seng

penyapu
kost

timba
spand

suis
kontakt

ruang tamu
stue

kertas dinding
tapet
gambar
billede
lampu
lampe
rak
reol
kabinet
skab
televisyen
fjernsyn
pendiangan
pejs
bunga
blomst
kusyen
pude
sofa
sofa
pasu
vase
alat kawalan jauh
fjernbetjening

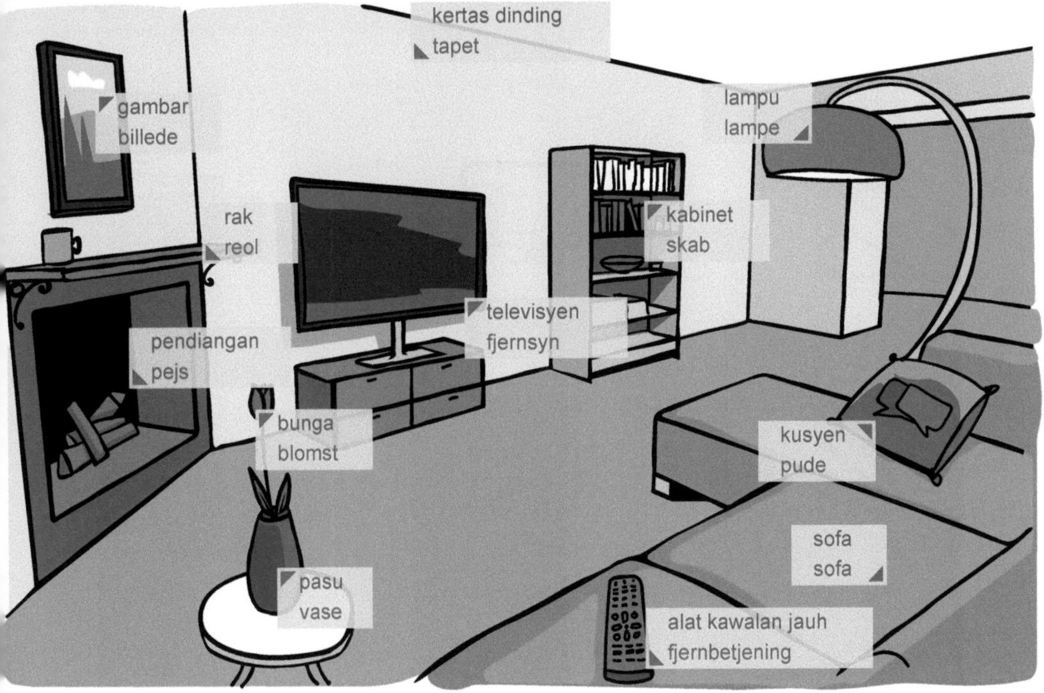

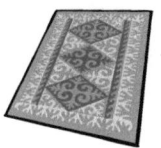

permaidani

gulvtæppe

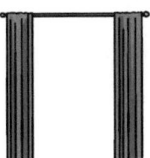

tirai

gardin

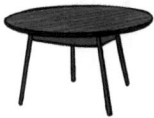

meja

bord

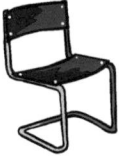

kerusi

stol

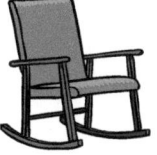

kerusi malas

gyngestol

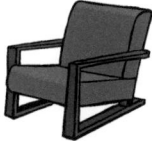

kerusi

lænestol

buku

bog

selimut

tæppe

hiasan

dekoration

kayu api

brænde

filem

film

hi-fi

stereoanlæg

kunci

nøgle

akhbar

avis

lukisan

maleri

poster

plakat

radio

radio

buku catatan

notesblok

penyedut habuk

støvsuger

kaktus

kaktus

lilin

lys

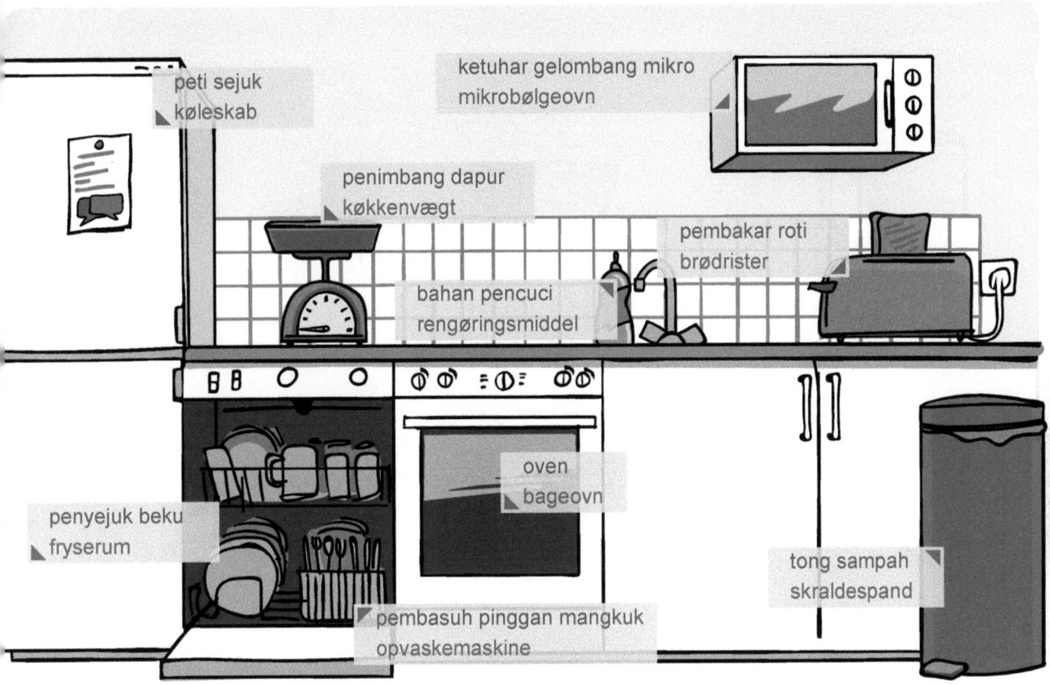

peti sejuk
køleskab

ketuhar gelombang mikro
mikrobølgeovn

penimbang dapur
køkkenvægt

pembakar roti
brødrister

bahan pencuci
rengøringsmiddel

oven
bageovn

penyejuk beku
fryserum

tong sampah
skraldespand

pembasuh pinggan mangkuk
opvaskemaskine

periuk dapur
komfur

periuk
gryde

periuk besi
jerngryde

kuali
wok / kadai

pan
pande

cerek
elkedel

pengukus

dampkoger

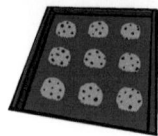

dulang pembakar

bageplade

pinggan mangkuk

service

koleh

bæger

mangkuk

skål

penyepit

spisepinde

senduk

øseske

spatula

paletkniv

pengadun

piskeris

penapis

dørslag

ayak

si

pemarut

rive

mortar

morter

barbeku

grille

pembakaran terbuka

ildsted

papan pencincang

skærebræt

pin golekan

kagerulle

skru gabus

proptrækker

tin

dåse

pembuka tin

dåseåbner

pemegang periuk

grydelap

sinki

køkkenvask

berus

børste

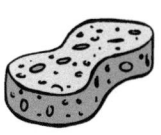

span

svamp

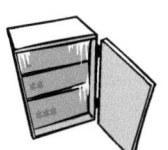

pengisar

blender

penyejuk beku

dybfryser

botol bayi

sutteflaske

paip

vandhane

bilik air
badeværelse

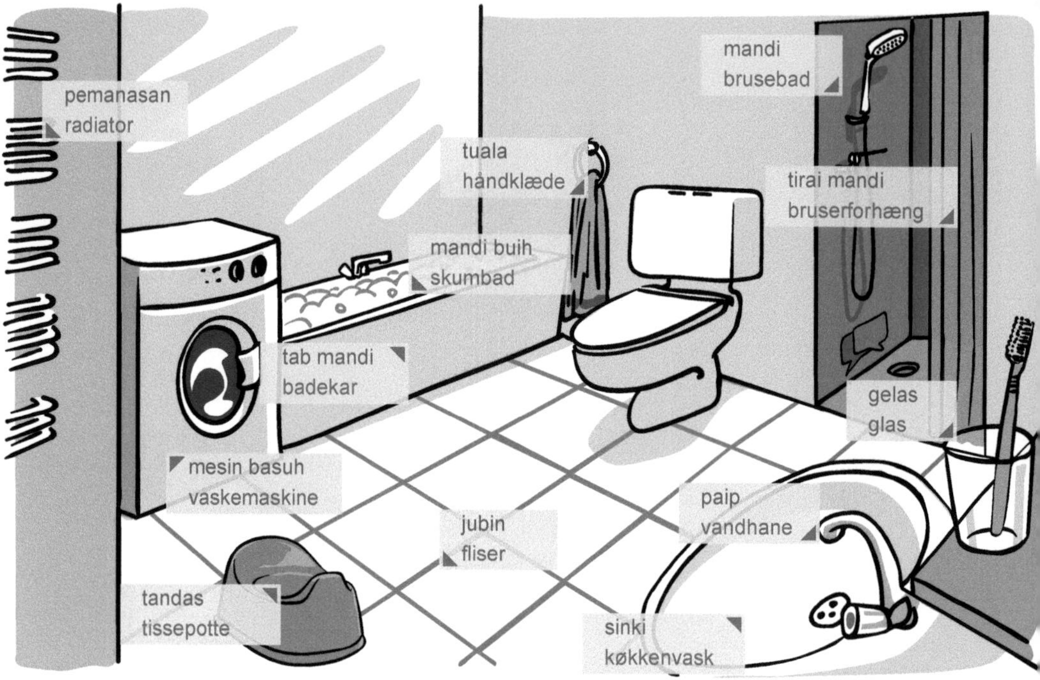

mandi
brusebad
pemanasan
radiator
tuala
håndklæde
tirai mandi
bruserforhæng
mandi buih
skumbad
tab mandi
badekar
gelas
glas
mesin basuh
vaskemaskine
paip
vandhane
jubin
fliser
tandas
tissepotte
sinki
køkkenvask

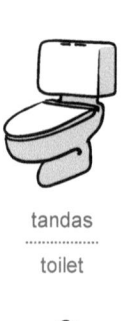

tandas

toilet

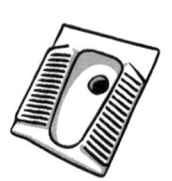

tandas mencangkung

hugsiddende toilet

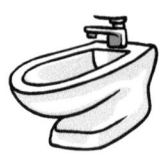

mangkuk tandas

bidet

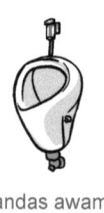

tandas awam

pissoir

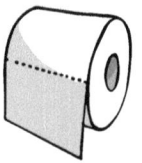

kertas tandas

toiletpapir

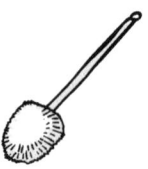

berus tandas

toiletbørste

berus gigi

tandbørste

ubat gigi

tandpasta

flos gigi

tandtråd

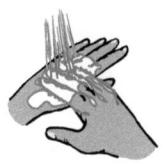

cuci

vaske

mandian tangan

håndbruser

pancuran

intimbruser

besen

vaskefad

belakang berus

badebørste

sabun

sæbe

gel mandian

brusegele

syampu

shampoo

flanel

vaskeklud

longkang

afløb

krim

creme

deodoran

deodorant

bilik air - badeværelse 39

cermin
spejl

cermin tangan
kosmetikspejl

pisau cukur
barberhøvl

busa cukur
barberskum

selepas cukur
barbervand

sikat
kam

berus
børste

pengering rambut
hårtørrer

semburan rambut
hårspray

mekap
makeup

gincu
læbestift

varnis kuku
neglelak

bulu kapas
vat

gunting kuku
neglesaks

pewangi
parfume

beg basuhan

toilettaske

bangku

skammel

skala berat

vægt

jubah mandi

badekåbe

sarung tangan getah

gummihandsker

kapas

tampon

tuala wanita

damebind

tandas kimia

kemisk toilet

bilik kanak-kanak
børneværelse

jam loceng
vækkeur
mainan kegemaran
bamse
kereta mainan
legetøjsbil
kerincing bayi
skralde
rumah anak patung
dukkehus
hadiah
gave

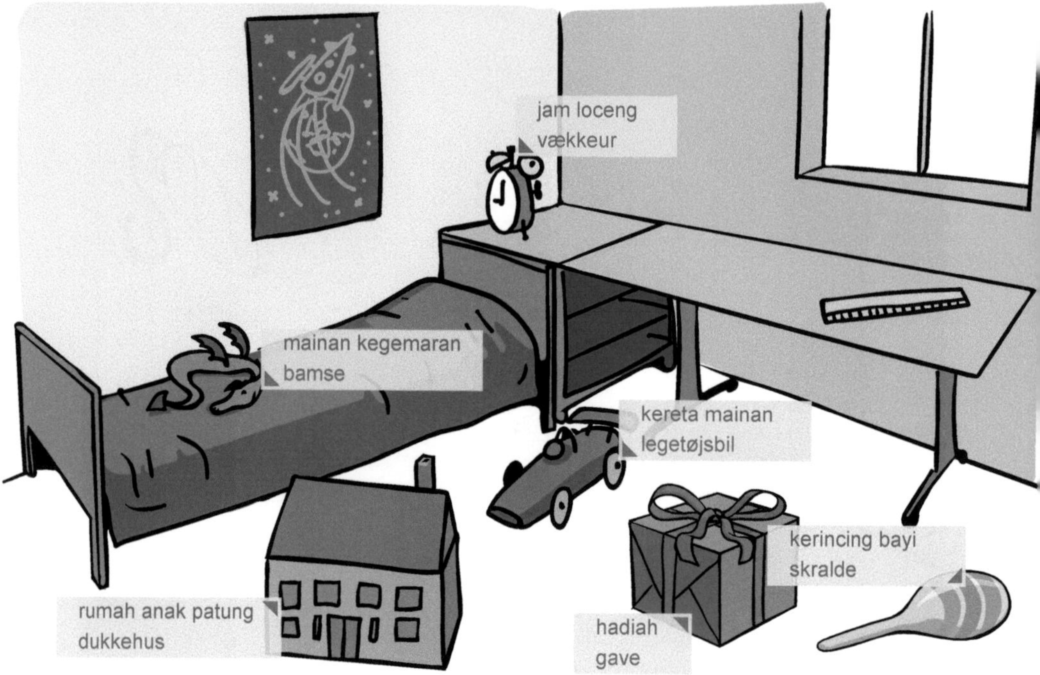

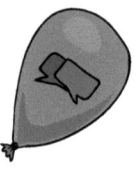

belon

ballon

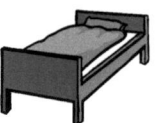

katil

seng

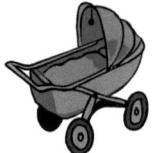

kereta sorong bayi

barnevogn

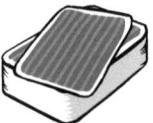

set kad

kortspil

susun suai gambar

puslespil

SUPER MEGA

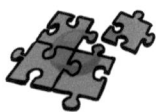

komik

tegneserie

batu bata lego

legoklodser

blok mainan

byggeklodser

figura aksi

action figur

baju bayi

sparkedragt

frisbee

frisbee

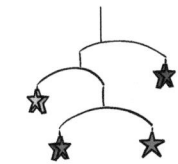

mainan bayi mudah alih

uro

permainan papan

brætspil

dadu

terning

set model kereta api

modeljernbane

palsu

sut

parti

fest

buku bergambar

billedbog

bola

bold

anak patung

dukke

main

lege

lubang pasir

sandkasse

buai

gynge

mainan

legetøj

konsol permainan video

spillekonsol

basikal roda tiga

trehjulet cykel

anak patung beruang

bamse

almari pakaian

klædeskab

pakaian

tøj

stoking

sokker

stoking

strømper

ketat

strømpebukser

skarf
sjal

...g/keselamatan

payung
paraply

kemeja-t
T-shirt

but
støvler

selipar
hjemmesko

kasut sukan
sneakers

sandal	kasut	but getah
sandaler	sko	gummistøvler

seluar dalam	coli	ves
underbukser	BH	undertrøje

badan

body

Seluar panjang

bukser

jean

jeans

skirt

nederdel

blaus

bluse

kemeja

skjorte

baju panas sarung

pullover

sweater

sweatshirt

blazer

blazer

jaket

jakke

kot

frakke

baju hujan

regnfrakke

kostum

kostume

pakaian

kjole

baju pengantin

brudekjole

sut
jakkesæt

baju tidur
nattrøje

baju tidur
pyjamas

sari
sari

skarf kepala
hovedtørklæde

serban
turban

burqa
burka

kaftan
kaftan

abaya/jubah
abaya

baju renang
badedragt

seluar renang
badebukser

seluar pendek
korte bukser

sut balapan
træningsdragt

apron
forklæde

sarung tangan
handsker

butang
knap

cermin mata
briller

gelang tangan
armbånd

rantai leher
kæde

cincin
ring

subang
ørering

topi
hue

penyangkut kot
bøjle

topi
hat

tali leher
slips

zip
lynlås

topi keledar
hjelm

pendakap
seler

uniform sekolah
skoleuniform

seragam
uniform

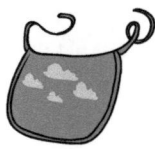

lapik dada

hagesmæk

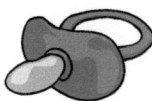

palsu

sut

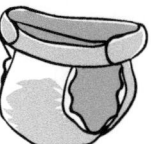

lampin

ble

pejabat

kontor

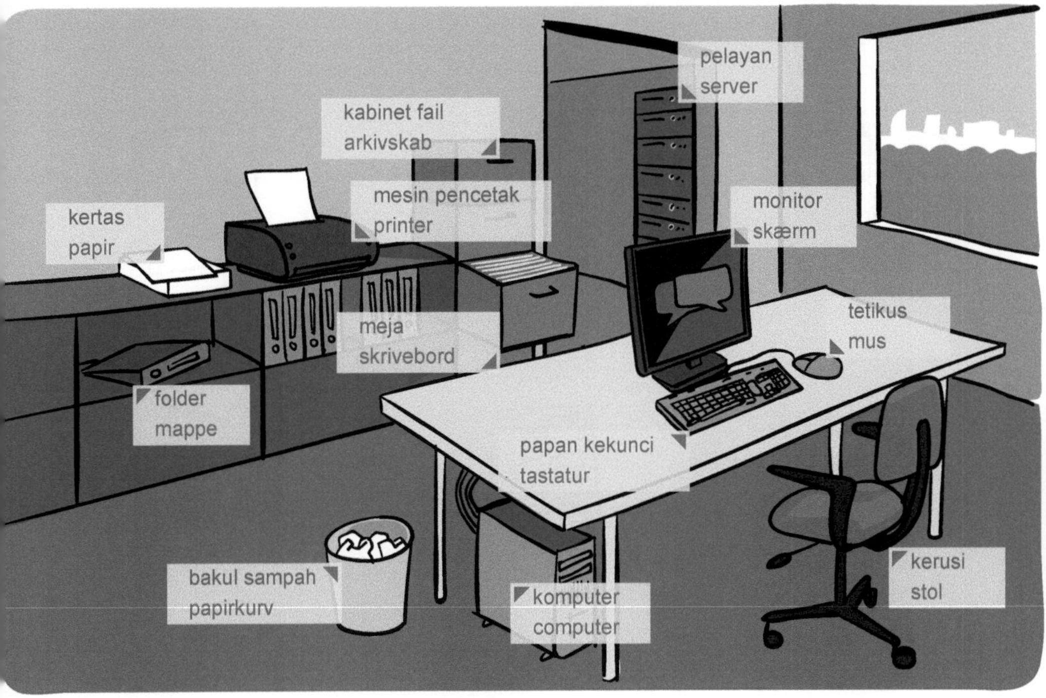

pelayan
server
kabinet fail
arkivskab
mesin pencetak
printer
kertas
papir
monitor
skærm
tetikus
mus
meja
skrivebord
folder
mappe
papan kekunci
tastatur
kerusi
stol
bakul sampah
papirkurv
komputer
computer

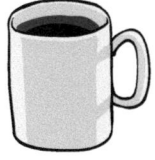

cawan kopi

kaffekrus

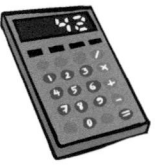

kalkulator

lommeregner

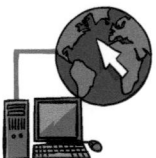

internet

internet

komputer riba
....
bærbar

surat
....
brev

mesej
....
besked

mudah alih
....
mobil

rangkaian
....
netværk

mesin fotokopi
....
kopimaskine

perisian
....
software

telefon
....
telefon

soket plag
....
stikdåse

mesin faks
....
fax

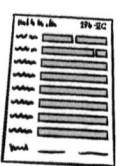

bentuk
....
formular

dokumen
....
dokument

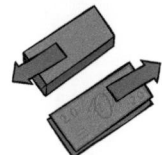

beli

køb

bayar

betale

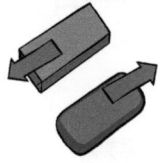

berdagang

handle

wang

penge

dolar

dollar

euro

euro

yen

yen

rubel

rubel

franc swiss

schweizerfranc

renminbi yuan

renminbi yuan

rupee

rupee

mata tunai

hæveautomat

pejabat tukaran mata wang

vekselkontor

emas

guld

perak

sølv

minyak

olie

tenaga

energi

harga

pris

kontrak

kontrakt

cukai

skat

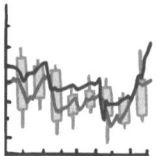

stok

aktie

kerja

arbejde

pekerja

ansat

majikan

arbejdsgiver

kilang

fabrik

kedai

butik

pekerjaan
erhverv

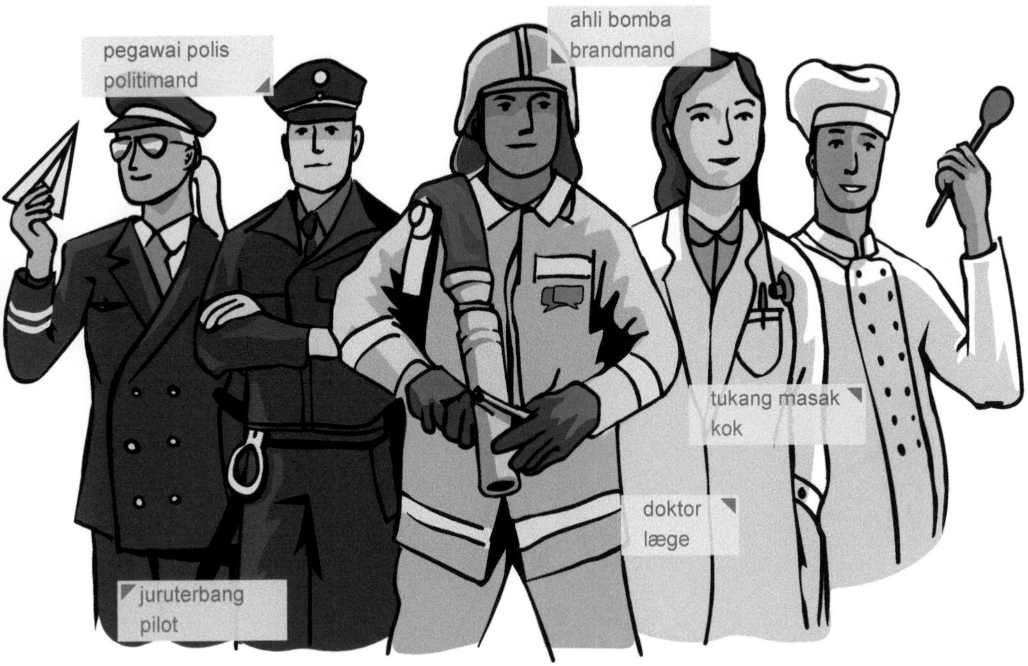
pegawai polis
politimand
ahli bomba
brandmand
tukang masak
kok
doktor
læge
juruterbang
pilot

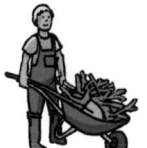

tukang kebun
gartner

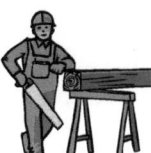

tukang kayu
tømrer

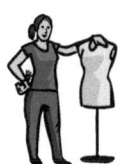

tukang jahit
syerske

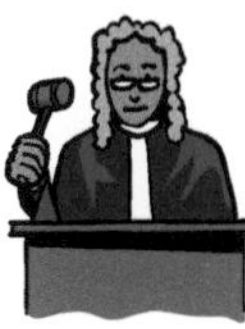

hakim
dommer

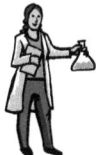

ahli kimia
kemiker

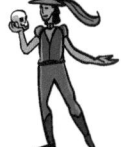

pelakon
skuespiller

pemandu bas

buschauffør

pemandu teksi

taxachauffør

nelayan

fisker

wanita pencuci

rengøringskone

kasau

tagdækker

pelayan

tjener

pemburu

jæger

pelukis

maler

bakeri

bager

juruelektrik

elektriker

pembangun

bygningsarbejder

jurutera

ingeniør

penjual daging

slagter

tukang paip

vvs-mand

posmen

postbud

askar

soldat

arkitek

arkitekt

juruwang

kasserer

kedai bunga

blomsterhandler

pendandan rambut

frisør

konduktor

togfører

mekanik

mekaniker

kapten

kaptajn

doktor gigi

tandlæge

ahli sains

videnskabsmand

tuhanku

rabbiner

imam

imam

sami

munk

paderi

præst

alat
værktøj

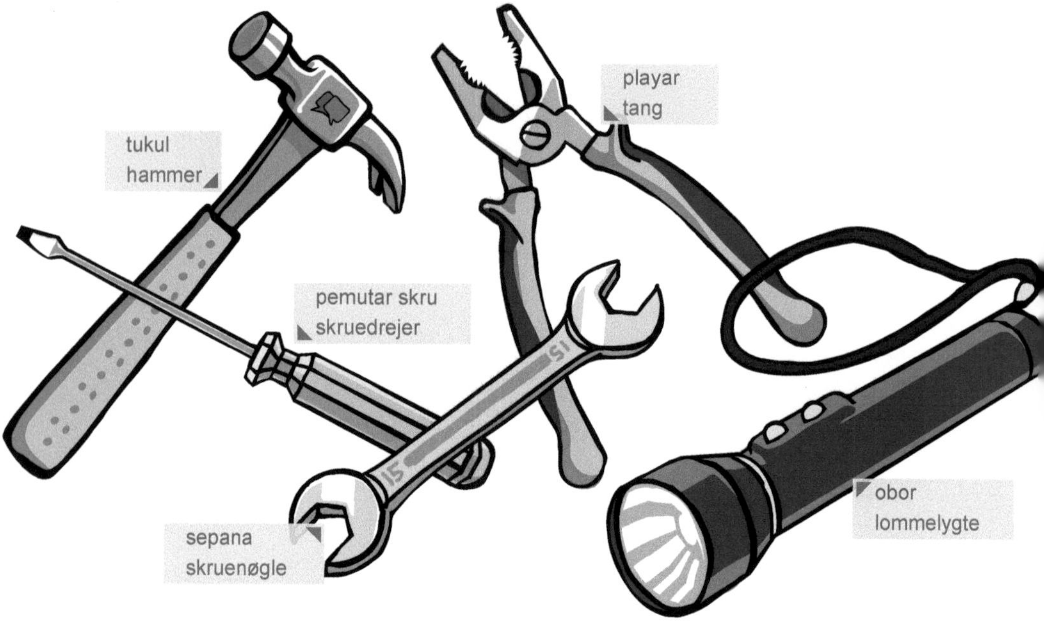
tukul
hammer
playar
tang
pemutar skru
skruedrejer
sepana
skruenøgle
obor
lommelygte

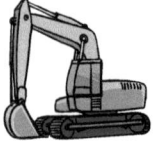

pengorek

gravemaskine

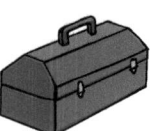

kotak peralatan

værktøjskasse

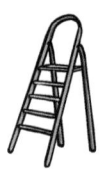

tangga

stige

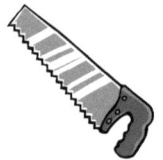

gergaji

sav

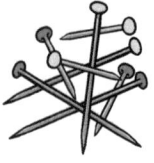

kuku

søm

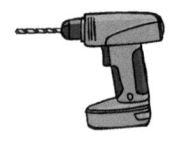

gerudi

bor

baiki

reparere

penyodok

skovl

Celaka!

Lort!

penadah sampah

fejebakke

periuk cat

malerspand

skru

skruer

alat muzik
musikinstrumenter

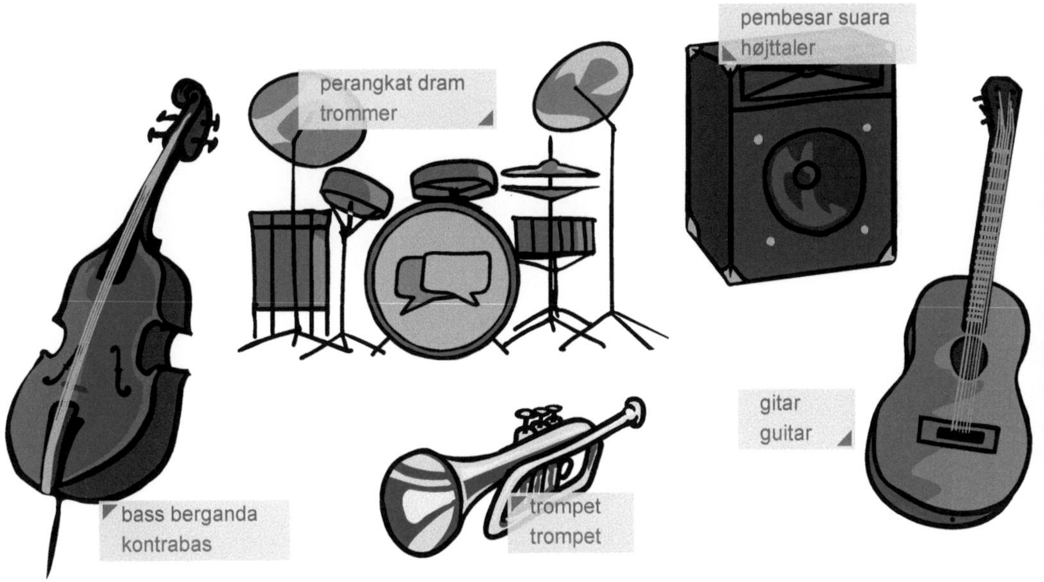

pembesar suara
højttaler

perangkat dram
trommer

gitar
guitar

bass berganda
kontrabas

trompet
trompet

piano

klaver

biola

violin

bass

bas

timpani

pauke

dram

tromme

papan kekunci

keyboard

saksofon

saxofon

seruling

fløjte

mikrofon

mikrofon

ZOO

ZOO

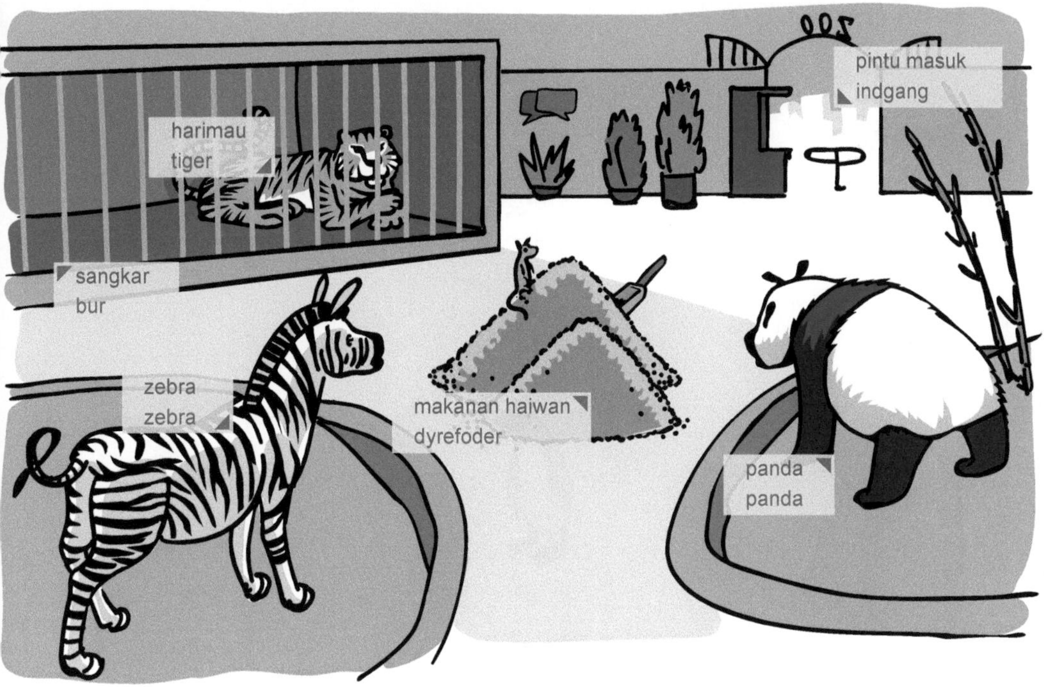

pintu masuk
indgang
harimau
tiger
sangkar
bur
zebra
zebra
makanan haiwan
dyrefoder
panda
panda

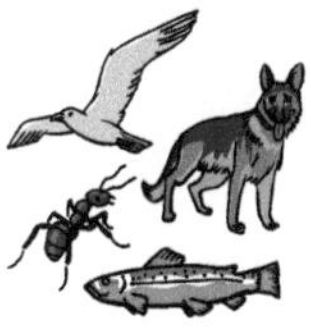

haiwan

dyr

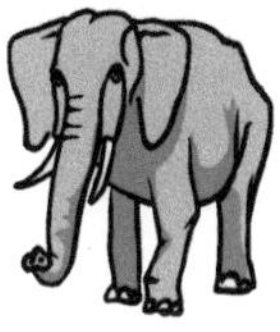

gajah

elefant

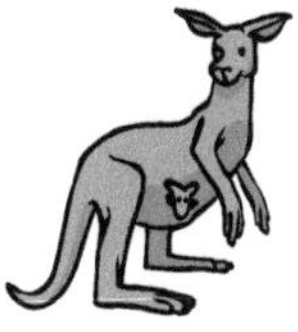

kanggaru

kænguru

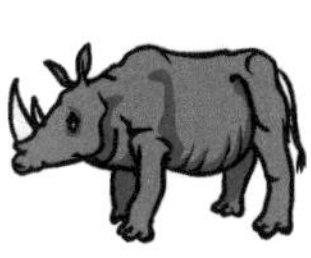

badak sumbu

næsehorn

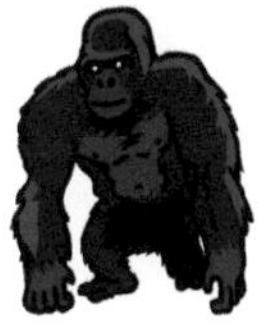

gorila

gorilla

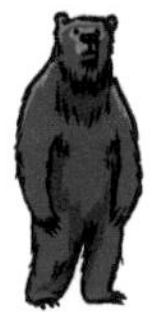

beruang

bjørn

unta

kamel

burung unta

struds

singa

løve

monyet

abe

flamingo

flamingo

nuri

papegøje

beruang kutub

isbjørn

penguin

pingvin

yu

haj

merak

påfugl

ular

slange

buaya

krokodille

penjaga zoo

dyrepasser

anjing laut

sæl

jaguar

jaguar

kuda

pony

harimau

leopard

badak air

flodhest

zirafah

giraf

helang

ørn

babi jantan

vildsvin

ikan

fisk

penyu

skildpadde

anjing laut

hvalros

musang

ræv

rusa

gazelle

bola sepak Amerika
amerikansk football

berbasikal
cykling

tenis
tennis

bola keranjang
basketball

renang
svømning

tinju
boksning

hoki ais
ishockey

bola sepak
fodbold

badminton
badminton

olahraga
atletik

bola baling
håndbold

ski
skiløb

polo
polo

ketawa
grine

lompat
springe

peluk
give et knus

berjalan
gå

menyanyi
synge

mimpi
drømme

berdoa
bede

cium
kysse

tulis	lukis	tunjuk
skrive	tegne	vise

tolak	beri	ambil
skubbe	give	tage

ada
have

buat
gøre

ialah
være

berdiri
stå

lari
løbe

tarik
trække

buang
kaste

jatuh
falde

tipu
ligge

tunggu
vente

bawa
bære

duduk
sidde

pakai
tage på

tidur
sove

bangkit
vågne

aktiviti - aktiviteter

lihat pada

se på

menangis

græde

strok

ae

sikat

kæmme

cakap

tale

faham

forstå

tanya

spørge

dengar

høre

minum

drikke

makan

spise

mengemas

rydde op

sayang

elske

masak

koge

pandu

køre

terbang

flyve

belayar
·····················
sejle

kira
·····················
regne

baca
·····················
læse

belajar
·····················
lære

kerja
·····················
arbejde

nikah
·····················
gifte sig med

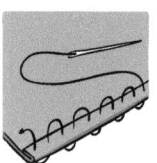

jahit
·····················
sy

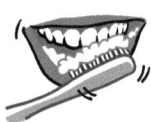

memberus gigi
·····················
børste tænder

bunuh
·····················
dræbe

asap
·····················
ryge

hantar
·····················
sende

nenek
bedstemor

datuk
bedstefar

bapa
far

ibu
mor

bayi
baby

anak perempuan
datter

anak lelaki
søn

tetamu

gæst

mak cik

tante

pak cik

onkel

abang

bror

kakak

søster

badan

krop

dahi
pande
mata
øje
bahu
skulder
jari
finger
muka
ansigt
dagu
hage
tangan
hånd
kaki
ben
dada
bryst
lengan
arm

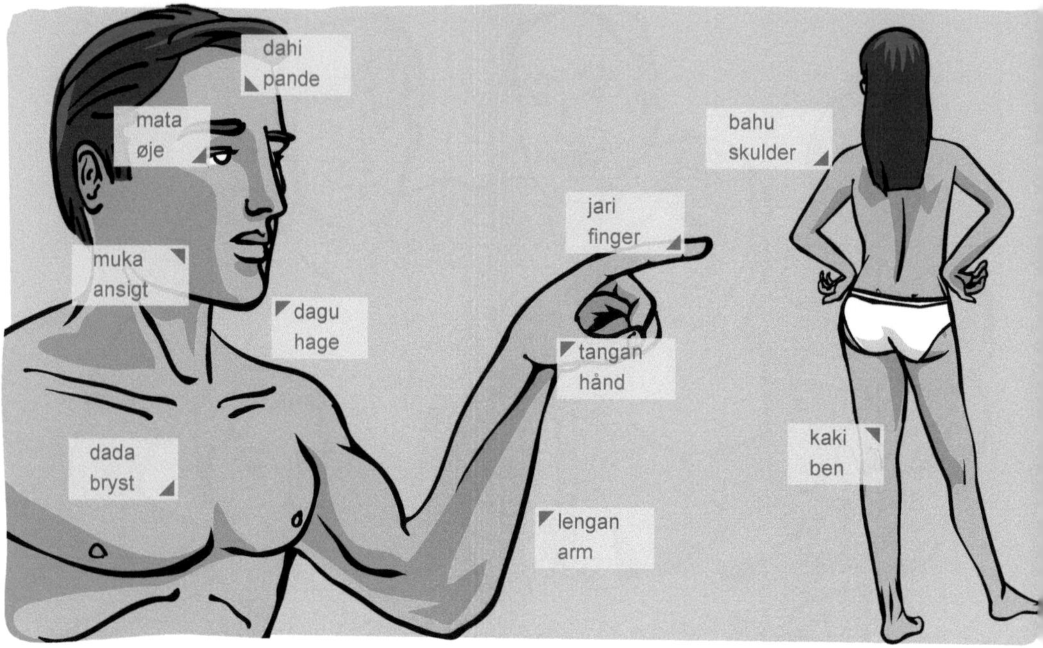

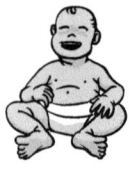

bayi

baby

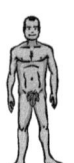

lelaki

mand

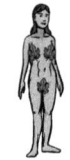

wanita

kvinde

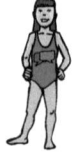

perempuan

pige

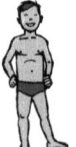

lelaki

dreng

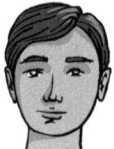

kepala

hoved

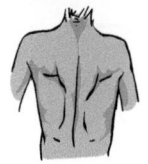

belakang

ryg

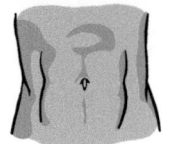

bawah perut

mave

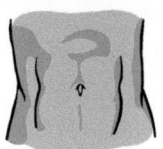

pusat

navle

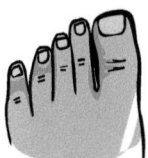

jari kaki

tå

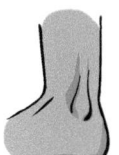

tumit

hæl

tulang

knogle

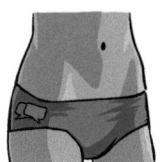

pinggul

hofte

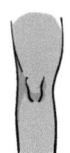

lutut

knæ

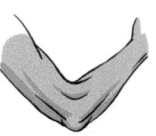

siku

albue

hidung

næse

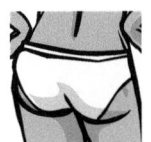

bawah

bagdel

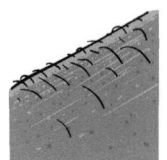

kulit

hud

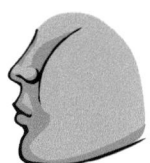

pipi

kind

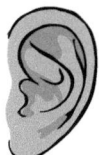

telinga

øre

bibir

læbe

mulut

mund

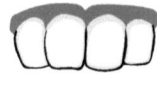

gigi

tand

lidah

tunge

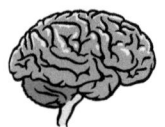

otak

hjerne

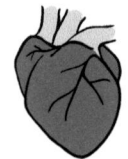

hati

hjerte

otot

muskel

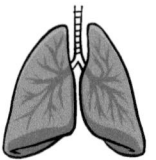

paru-paru

lunge

hati

lever

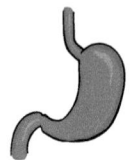

perut

mavesæk

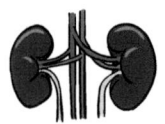

buah pinggang

nyrer

seks

sex

kondom

kondom

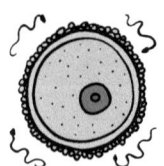

faraj

ægcelle

mani

sperm

mengandung

svangerskab

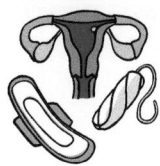

haid
menstruation

faraj
vagina

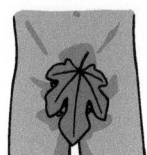

penis
penis

kening
øjenbryn

rambut
hår

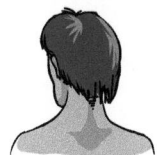

leher
hals

hospital
sygehus

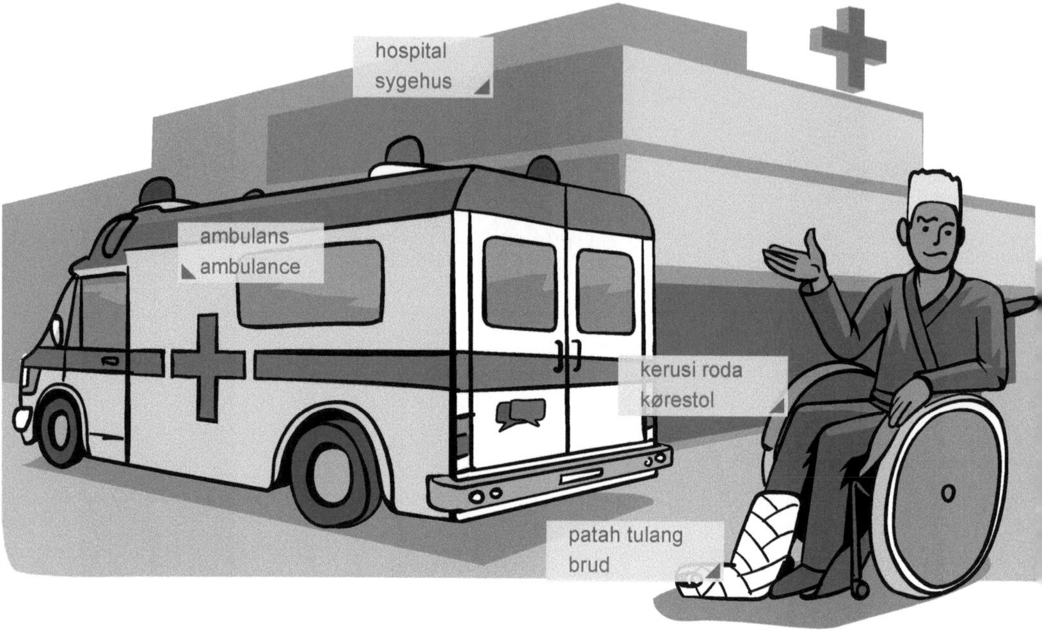

hospital
sygehus
ambulans
ambulance
kerusi roda
kørestol
patah tulang
brud

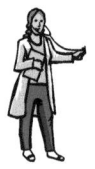

doktor

lække

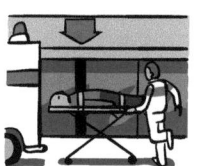

bilik kecemasan

akutmodtagelse

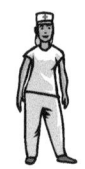

jururawat

sygeplejerske

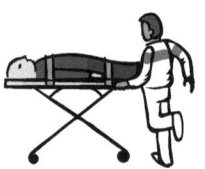

kecemasan

nødstilfælde

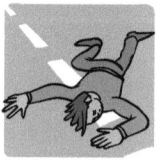

tak sedar

bevidstløs

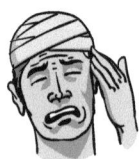

sakit

smerte

kecederaan

skade

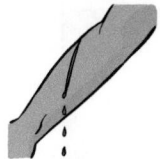

pendarahan

blødning

serangan jantung

hjerteinfarkt

strok

slagtilfælde

alergi

allergi

batuk

hoste

demam

feber

selesema

influenza

cirit-birit

diarré

sakit kepala

hovedpine

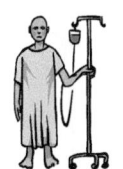

kanser

kræft

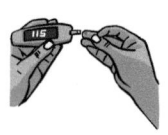

diabetes

diabetes

pakar bedah

kirurg

pisau bedah

skalpel

pembedahan

operation

CT

CT

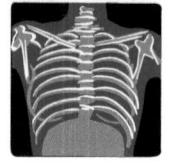

x-ray

røntgen

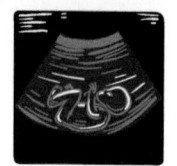

ultrabunyi

ultralyd

topeng muka

maske

penyakit

sygdom

bilik menunggu

venteværelse

penongkat

krykke

plaster

plaster

pembalut

forbinding

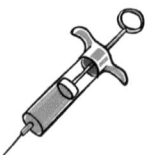

suntikan

injektion

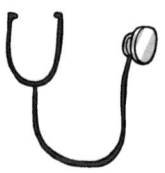

stetoskop

stetoskop

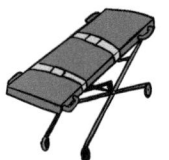

pengusung

båre

termometer klinik

termometer

kelahiran

fødsel

berat badan berlebihan

overvægt

alat pendengaran

høreapparat

disinfektan

desinficerende middel

jangkitan

infektion

virus

virus

HIV / AIDS

HIV / AIDS

perubatan

medicin

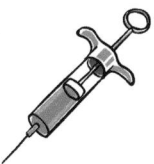

vaksinasi

vaccination

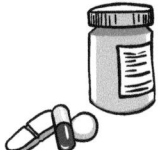

tablet

tabletter

pil

pille

panggilan kecemasan

nødopkald

pantau tekanan darah

blodtryksmåler

sakit / sihat

syg / rask

Tolong!

Hjælp!

penggera

alarm

serang

overfald

serangan

angreb

bahaya

fare

pintu kecemasan

nødudgang

Api!

Det brænder!

alat pemadam api

ildslukker

kemalangan

uheld

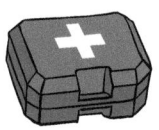

alat pertolongan cemas

førstehjælps-kuffert

SOS

SOS

polis

politi

Eropah

Europa

Amerika Utara

Nordamerika

Amerika Selatan

Sydamerika

Afrika

Afrika

Asia

Asien

Australia

Australien

Atlantic

Atlanterhavet

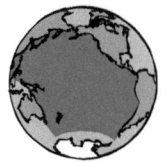

Pasifik

Stillehavet

Lautan Hindi

Indiske Ocean

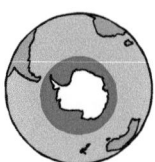

Lautan Antartik

Sydlige Ishav

Lautan Artik

Ishav

Kutub utara

Nordpol

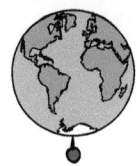

Kutub Selatan

Sydpol

Antartika

Antarktis

bumi

Jorden

tanah

land

laut

hav

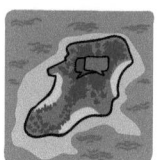

pulau

ø

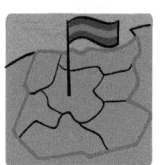

negara

nation

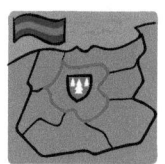

negeri

stat

muka jam

urskive

tangan jam

timeviser

tangan minit

minutviser

terpakai

sekundviser

Jam berapa sekarang

Hvad er klokken?

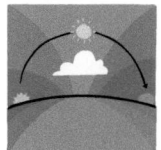

hari

dag

masa

tid

sekarang

nu

jam digital

digitalur

minit

minut

jam

time

minggu
uge

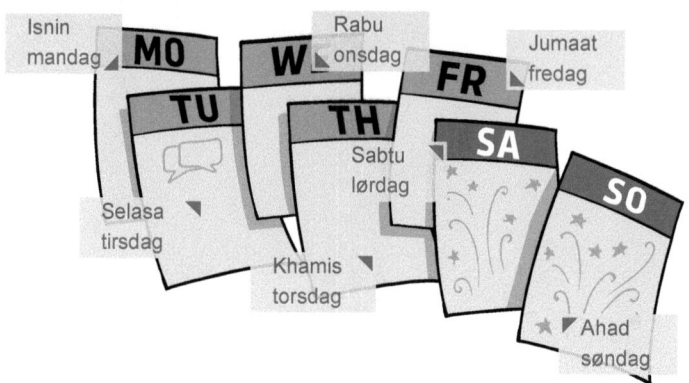

semalam

i går

hari ini

i dag

esok

i morgen

pagi

morgen

tengah hari

middag

petang

aften

MO	TU	WE	TH	FR	SA	SU
1	2	3	4	5	6	7
8	9	10	11	12	13	14
15	16	17	18	19	20	21
22	23	24	25	26	27	28
29	30	31	1	2	3	4

hari kerja

arbejdsdage

MO	TU	WE	TH	FR	SA	SU
1	2	3	4	5	6	7
8	9	10	11	12	13	14
15	16	17	18	19	20	21
22	23	24	25	26	27	28
29	30	31	1	2	3	4

hari minggu

weekend

tahun

år

hujan
regn
pelangi
regnbue
angin
vind
salji
sne
musim bunga
forår
musim panas
sommer
musim luruh
efterår
musim salji
vinter

4.APRIL 11°
5.APRIL 4°
6.APRIL 13°
7.APRIL 8°
8.APRIL 10°

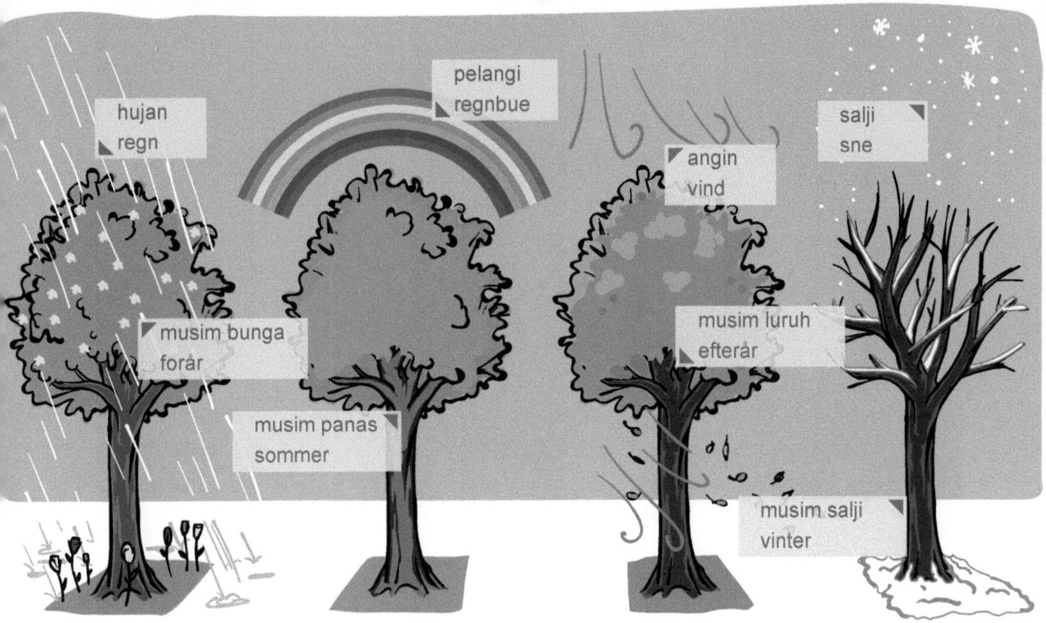

ramalan cuaca
....
vejrudsigt

F C
120 40
90 30
60 20
30 10
0 0
-30 -10
-20

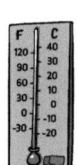

termometer
....
termometer

sinar matahari
....
solskin

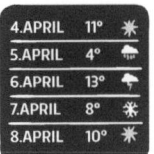

awan
....
sky

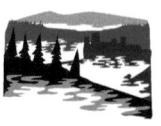

kabus
....
tåge

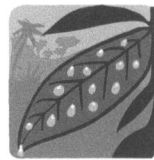

lembapan
....
luftfugtighed

kilat

lyn

petir

torden

ribut

storm

hujan batu

hagl

monsun

monsun

banjir

flod

ais

is

Januari

januar

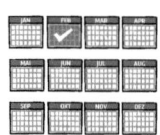

Februari

februar

Mac

marts

April

april

Mei

maj

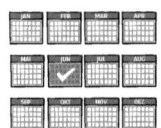

Jun

juni

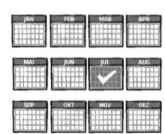

Julai

juli

Ogos

august

tahun - år

September
....
september

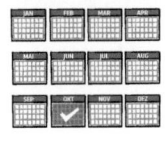

Oktober
....
oktober

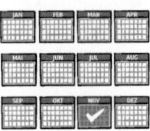

November
....
november

Disember
....
december

bentuk
former

bulatan
....
cirkel

petak
....
kvadrat

segi empat tepat
....
firkant

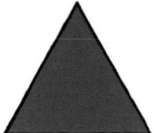

segitiga
....
trekant

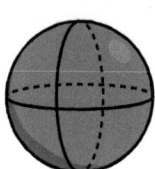

sfera
....
kugle

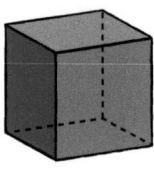

kiub
....
terning

putih

hvid

kuning

gul

oren

orange

merah jambu

pink

merah

rød

ungu

lilla

biru

blå

hijau

grøn

coklat

brun

kelabu

grå

hitam

sort

banyak / sedikit

meget / lidt

marah / tenang

rasende / fredelig

cantik / hodoh

smuk / grim

bermula / tamat

begyndelse / slut

besar kecil

stor / lille

terang / gelap

lys / mørk

abang / kakak

bror / søster

bersih / kotor

ren / snavset

lengkap / tidak lengkap

fuldkommen / ufuldkommen

hari / malam

dag / nat

mati / hidup

død / levende

luas / sempit

bred / smal

boleh dimakan / tidak boleh dimakan

spiselig / uspiselig

jahat / baik

vred / venlig

teruja / bosan

ophidset / kedet

gemuk / kurus

tyk / tynd

pertama / terakhir

først / sidst

kawan / musuh

ven / fjende

penuh / kosong

fuld / tom

keras / lembut

hård / blød

berat / ringan

tung / let

lapar / dahaga

sult / tørst

sakit / sihat

syg / rask

menyalahi undang-undang / undang-undang

illegal / legal

pintar / bodoh

intelligent / dum

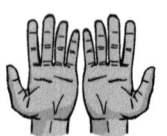

kiri / kanan

venstre / højre

dekat / jauh

nær / fjern

baru / lama
ny / brugt

tiada / sesuatu
intet / noget

tua / muda
gammel / ung

hidup / mati
tændt / slukket

terbuka / tertutup
åben / lukket

diam / bising
stille / højt

kaya / miskin
rig / fattig

betul / salah
rigtig / forkert

kasar / halus
ru / glat

sedih / gembira
ked af det / lykkelig

pendek / panjang
kort / lang

lambat / laju
langsom / hurtig

basah / kering
våd / tør

panas / sejuk
varm / kold

berperang / berdamai
krig / fred

0	**1**	**2**
sifar	satu	dua
nul	en	to
3	**4**	**5**
tiga	empat	lima
tre	fire	fem
6	**7**	**8**
enam	tujuh	lapan
seks	syv	otte
9	**10**	**11**
sembilan	sepuluh	sebelas
ni	ti	elleve

12

dua belas

tolv

13

tiga belas

tretten

14

empat belas

fjorten

15

lima belas

femten

16

enam belas

seksten

17

tujuh belas

sytten

18

lapan belas

atten

19

Sembilan belas

nitten

20

dua puluh

tyve

100

ratus

hundrede

1.000

ribu

tusinde

1.000.000

juta

million

bahasa-bahasa
sprog

Bahasa Inggeris

engelsk

Bahasa Inggeris Amerika

amerikansk engelsk

Bahasa Cina Mandarin

kinesisk mandarin

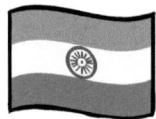

Bahasa Hindi

hindi

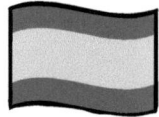

Bahasa Sepanyol

spansk

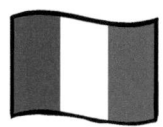

Bahasa Perancis

fransk

Bahasa Arab

arabisk

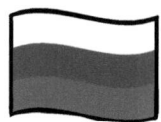

Bahasa Rusia

russisk

Bahasa Portugis

portugisisk

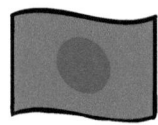

Bahasa Benggali

bengalsk

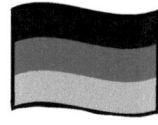

Bahasa Jerman

tysk

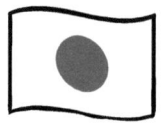

Bahasa Jepun

japansk

saya

jeg

anda

du

dia / dia / ia

han / hun / den / det

kita

vi

anda

I

mereka

de

siapa?

hvem?

apa?

hvad?

bagaimana?

hvordan?

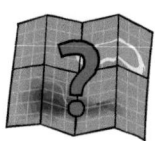

di mana?

hvor?

bila?

hvornår?

nama

navn

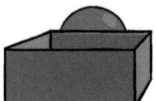

belakang

bag

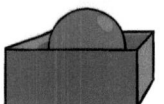

dalam

i

di hadapan

foran

lebih

over

pada

på

di bawah

under

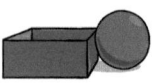

bersebelahan

ved siden af

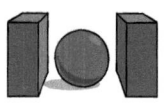

antara

imellem

tempat

sted